AF315254

26 Avril 1890

V

Vente du Samedi 26 Avril 1890

HOTEL DROUOT — SALLE N° 5

à deux heures

BEAUX
OBJETS D'AMEUBLEMENT

DU XVIIIᵐᵉ SIÈCLE

Commode ornée de bronzes de Caffiéri

PROVENANT

de la succession de S. A. R. la Princesse de Hesse-Hombourg

Cabinet en laque ornée de bronzes — Meuble sculpté

AYANT APPARTENU

au Maréchal de Saxe et à Mgr Le Prince Évêque de Liège

MARBRES, OBJETS D'ART, TABLEAUX

Dessins — Aquarelles — Pastels

BRONZES D'ART ET D'AMEUBLEMENT

Mᵉ Paul **AULARD**	M. A. **BLOCHE**
COMMISSAIRE-PRISEUR	EXPERT
6, *rue St-Marc*	25, *rue de Châteaudun*

EXPOSITION PUBLIQUE

LE VENDREDI 25 AVRIL 1890, DE 2 HEURES A 6 HEURES

CATALOGUE

DE

Beaux Objets d'Ameublement

DU XVIIIᵉ SIÈCLE

JOLIE COMMODE DE L'ÉPOQUE LOUIS XV

ORNÉE DE BRONZES DE CAFFIÉRI

Provenant de la Succession de

S. A. R. la Princesse de HESSE-HOMBOURG

TRÈS BEAU CABINET, MEUBLES DE BOULE, ARMOIRES

CONSOLES LOUIS XVI, HORLOGE ARCHITECTURALE, VITRINES

AYANT APPARTENU

Au Maréchal de Saxe et à Mgr le Prince-Evêque de Liège

Ecran du Temps de Louis XIV, Meubles de Salon de Style

BELLES PORCELAINES DE CHINE MONTÉES & NON MONTÉES

MARBRES — BRONZES

ARGENTERIE, BIJOUX, OBJETS DE VITRINE

Tableaux, Dessins, Aquarelles, Pastels

ANCIENS ET MODERNES

Glaces — Lustres — Livres avec gravures — Ivoires

DONT LA VENTE AURA LIEU

HOTEL DROUOT, SALLE Nᵒ 5

Le Samedi 26 Avril 1890, à deux heures

Par le Ministère de Mᵉ **Paul AULARD**, Commissaire-Priseur,
6, rue St-Marc

Assisté de **M. A. BLOCHE**, Expert près la Cour d'Appel,
25, rue de Châteaudun.

Chez lesquels se trouve le présent Catalogue.

EXPOSITION PUBLIQUE

LE VENDREDI 25 AVRIL 1890, DE DEUX HEURES A SIX HEURES

CONDITIONS DE LA VENTE

Elle sera faite *expressément* au comptant.

Les acquéreurs payeront *cinq pour cent* en sus des adjudications, applicables aux frais de la vente.

L'Exposition mettant les acquéreurs à même de se rendre compte de l'état et de la nature des objets, il ne sera admis aucune réclamation une fois l'adjudication prononcée.

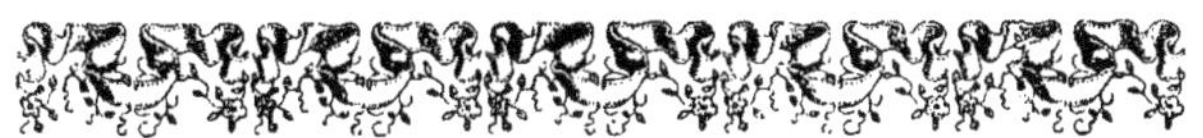

DÉSIGNATION DES OBJETS

TABLEAUX

DESSINS — AQUARELLES — PASTELS

BERGERET

1 — *Nature morte.*

BOGOLUBOFF (A.)

2 — *Vue de Moscou.*

> Belle aquarelle.
> Signée.

BONNINGTON

3 — *Paysage.*

> Provient de la collection de lord Seymour.

BONVIN

4 — *Intérieur de forge.*

BOUCHER

5 — *Portrait de jeune femme.*

> Beau dessin aux trois crayons.

BRISSOT

6 — *Troupeau de moutons surveillé par le berger au pied d'un talus.*

> Aquarelle.
> Signée.

CASQUEL

7 — *Vue de Paris.*

> Prise de la Porte de Nesle ; on voit les bords de la Seine animés de nombreux personnages, de cavaliers, de voitures et de bateaux.
> Œuvre d'une grande finesse.

CIPRIANI

8 — *Merveilleuse.*

> Aquarelle.
> Signée.

DE MARNE

9 — *La Halte à la fontaine,*

> Joli tableau.

DIAZ (N.)

10 — *Nymphe debout.*

DUVIEUX

11 — *Le Grand Canal à Venise : Vue du Palais des Doges.*

Signé.

FRANÇAIS

12 — *Vue de Biarritz.*

Aquarelle.
Signée.

INNOCENTI

13 — *Le Menuet.*

Scène inspirée de l'époque Louis XV.
Joli Tableau.

INNOCENTI

14 — *Le Menestrel.*

ISABEY

15 — *Bateaux de pêche à marée basse ; Vue d'Etretat.*

Belle aquarelle.
Signée.

JACQUES (Charles)

16 — *Le Rémouleur.*

Signé.

LAMI (Eugène)

17 — *Cavaliers, costumes Louis XV. en promenade.*

LATOUR (Attribué à)

18 — *Portrait de Beaumarchais.*

Joli pastel.

MARILHAT (Attribué à)

19 — *Halte de Caravane.*

MOREAU

20 — *Vue du château de Versailles. prise de la pièce d'eau dite des Suisses.*

PLASSAN

21 — *Le Déjeuner.*

SCHERSKOFF

22 — *Le Retour au village.*

Russes en traîneau emporté par deux chevaux, à travers les plaines. Effet de neige.
Signé.

STEVENS

23 — *Le Départ pour la pêche.*

TROYON

24 — *Les Bûcherons.*

Signé à gauche.

VALLAYER-COSTER

25-26 — *Bouquets de fleurs.*

Deux pendants.

WYLIE

27 — *Intérieur de cour en Espagne.*

Aquarelle.

A. D.

28 — *La Confidence au couvent.*

Aquarelle d'après Bédini.
Signée.

PAIL (Edouard)

29 — *Le déversoir de l'Étang dans la Nièvre*

Signé et daté 1880.

LANCRET (genre de)

3o — *Scène champêtre.*

Dessus de porte.

RUBENS (École de)

31 — *Les Jardins d'Amour.*

Composition de 14 personnages : gentilshommes et grandes dames en riches costumes dans un parc près d'un château.

POUSSIN (attribué à)

32-35 — *Beaux paysages accidentés, animés de personnages et de cavaliers.*

Suite de quatre tableaux.

ÉCOLE ANCIENNE

36 — *La Sainte-Vierge et l'Enfant.*

FRANZ HALS (attribué à)

37 — *La Femme qui boit.*

ÉCOLE ITALIENNE

38 — *Après la décapitation de St-Jean.*

Beau Tableau.

MIGNARD (d'après)

39 — *Beau portrait de Mme Anne-Marie de Bour-
bon, fille de Louis XIV et de Mme de Montespan.*

Pastel.
Cadre en bois sculpté et doré ancien.

GARCIA MESA

40 — *Paysage accidenté et boisé avec figure.*

Grand Tableau.
Signé.

GARCIA MESA

41 — *Rébecca à la Fontaine.*

Importante composition. (A figuré à l'Exposition universelle
de 1889.)
Signé.

GARCIA MESA

42 — *La Femme à l'éventail.*

Signé.

GARCIA MESA

43 — *La Femme à la lorgnette.*

Signé.

CHAVET

44 — *Fleurs.*

ÉCOLE DU XVIᵉ SIÈCLE

45 — *Le Baptême.*

45 bis — *L'Annonciation.*

OBJETS D'ART ET D'AMEUBLEMENT

46 — Très belle Commode de forme élégante et bombée en bois de violette, à côtés gracieusement cintrés et très richement ornée de bronzes finement ciselés et dorés, offrant sur le devant des suites de rocailles fleuronnées enguirlandés de feuillages, avec poignées se détachant en plein dessin, montants et chutes, encadrements des profils et sabots rappelant les plus jolis dessins de Caffiéri, dont ils portent le poinçon. Dessus en marbre brèche de Sicile suivant les contours de la commode. Epoque Louis XV.

Ce meuble, des plus charmants, provient de la succession de S. A. R. la Princesse de Hesse-Hombourg.

47 — Très beau Meuble Cabinet en laque, imitant des incrustations de matières précieuses et formant un joli décor. Il s'ouvre à deux grands battants. L'intérieur a dix-huit tiroirs ornés, ainsi que les entrées de serrures, de très belles appliques en bronze ciselé et doré surmontées de la couronne royale d'Espagne. Le bas s'ouvre à deux portes. Les ferrures dorées et gravées de l'intérieur présentent des petits médaillons, sur l'un une vue de château, l'autre un soleil. Ce Meuble, rare et précieux par son état de conservation, avait été offert au Maréchal de Saxe.

48 — Epinette en racine de citronnier garnie de
guirlandes et de soleils en acier faceté. Fermée,
cette épinette forme table rectangulaire. Epoque
Louis XVI.

49 — Grand Meuble s'ouvrant à deux portes en
noyer avec moulures en bois noir et panneaux
en marqueterie d'étain, dessin à ornements avec
la couronne de Mgr Le Prince-Evêque de Liège.
Epoque Louis XIV.

— Beau Meuble à hauteur d'appui à trois portes,
celle du milieu en marqueterie de Boule, celles
de chaque côté vitrées, richement garni de bronzes
dorés, montants à colonnes cannelées. L'intérieur
est gainé de peluche.

50 — Ameublement de salon composé d'un canapé
et six fauteuils en bois sculpté et doré, style
Louis XIV, couverts en granité bleu.

51 — Grand Meuble à deux corps en bois sculpté
s'ouvrant dans le haut à deux battants et dans le
bas garni de tiroirs dessinant des festons drapés.
Les entrées de serrures et les poignées sont en
argent repoussé et gravé. Époque Louis XIV.

52 — Belle horloge hollandaise en bois sculpté ornée
de bronzes, d'aspect architectural, avec cadran
multiple marquant les phases du soleil, de la

lune. les mois. les jours, les heures, etc., par des sujets allégoriques émaillés et gravés.

Signé : J. PHILIPPUS, FOUACHE, DELFT.

53 — Deux très beaux candélabres formés de groupes équestres en porcelaine de Chine céladon bleu turquoise sur terrassements à rocailles d'où s'élèvent des branchages à trois lumières aux contours des plus élégants. Style Louis XV.

54 — Jolie Statuette en bronze patine claire : *La Source*, d'après Falguières, sur socle en bronze doré.

55 — Deux jolies cassolettes forme ovoïde en porphyre oriental évidé montées sur cariatides de béliers en bronze ciselé et doré. Style Louis XVI.

56 — Statuette de Mercure en bronze sur socle en granit rose oriental garni d'un tore de laurier en bronze doré. Style Louis XVI.

57 — Deux petites figurines en bronze : *Hébé* et *Cupidon*, sur socles en marbre serpentin garnis de bronze doré. Louis XVI.

58 — Jolie Statuette en marbre : *La Diane chasse-resse*, d'après Houdon, sur socle en bronze doré à tore de laurier. Style Louis XVI.

59 — Jolie Pendule formée par la *Nymphe couchée*, bronze à patine claire d'après MARIN. avec mouvement et monture en bronze doré. socle en marbre blanc. style Louis XVI.

60 — Paire de petits candélabres à figurines de petits faunes musiciens en bronze patine claire. montés sur socles carrés en marbre blanc avec bouquets à deux lumières en bronze doré. Style Louis XVI.

61 — Deux intéressantes statuettes en terre cuite : *La Nymphe et la Vestale*, de Clodion (maquettes).

62 — Paire de petits vases en céladon bleu turquoise, montés en bronze doré. Style Louis XV.

63-64 — Deux charmants bustes en marbre : *Petit garçon* et *Petite fille*, inspirés du XVIII siècle. sur socles ornés de bronze.

65 — Très bel Ecran en tapisserie au petit point représentant une scène siamoise, d'après Bérain, brodée de soie sur fond d'argent. Avec bois sculpté à coquille et rinceaux feuillagés du temps de Louis XIV.

66-67 — Deux petites Consoles, en bois sculpté et
doré, dessin à guirlandes de laurier, pieds à
cannelures reliés par un brûle-parfums, enguir-
landé de laurier. Dessus en marbre brocatelle,
époque Louis XVI.

68 — Jolie petite Commode à trois tiroirs, en palissandre, forme cintrée, ornée de bronzes (signée
de Dubois). Dessus en marbre rouge veiné suivant les contours du meuble. Epoque Louis XV.

69 — Grande Vitrine à deux battants, en bois
d'ébène, et marqueterie de Boule. Encadrements et
entrées de serrures en bronze doré. E poque
Louis XIV.

70 — Joli Buste en marbre blanc, la *Comtesse Du
Barry*, d'après Pajou.

71 — Deux Vases, en vieux Chine, famille verte,
décor Paysages.

72 — Vase cylindrique de Chine, famille verte.

73 — Vase à panse renflée, vieux Chine, famille
rose.

74 — Vase en vieux Chine, famille verte, décor à
paysage.

75 — Deux Bols de Chine.

76 — Deux Assiettes vieux Chine, famille rose.

77 — Deux Assiettes vieux Japon, décor vases de fleurs.

78 — Assiette vieux Japon, décor à personnages.

79 — Potiche vieux Chine, décorée d'animaux grotesques.

80 — Petit Vase cylindrique en vieux Chine.

81 — Deux Assiettes, vieux Chine, décor Chimères bleu et jaune.

82 — Vase de vieux Chine, décor à fleurs sur fond à feuillages.

83 — Très belle Vasque en bronze japonais, provenant d'une pagode.

84 — Deux Vases en bronze ciselé, décor à ornements, provenant de pagode.

85 — Deux Groupes en pierre de lard, travail chinois.

86 — Deux Statuettes en pierre de lard, travail chinois.

87 — Deux Fauteuils, forme Henri II, couverts de belles broderies anciennes.

88 — Fauteuil couvert en soirie brochée fond vieux rose, avec rampes de peluche.

89 — Joli seau, en faïence de Moustiers, décor à armoiries et ornements, d'après Bérain.

90 — Fauteuil en bois sculpté et doré, foncé de canne dorée. Epoque Louis XIV.

91 — Deux Chaises en bois sculpté, foncées de canne. Epoque Louis XIV.

92 — Petit Coffret, en fer gravé, style XVIe siècle.

93 — Médaillon et Bas-Relief architectural en bronze.

94 — Jolie pendule mignonnette, en émail peint, décor à sujets mythologiques et argent doré. Style Renaissance.

95 — Cartel en bronze doré.

96 — Grande Potiche.

97 — Boîte en argent doré.

98 — Cuiller à potage en argent.

99 — Deux cuillers à ragoût en argent.

100 — Douze cuillers à café en argent.

101 — Deux jolies tasses en vermeil.

102 — Deux plats en cuivre repoussé.

103 — Plat en bronze doré.

104 — Epingle, forme trèfle, formée de trois perles, monture or.

105 — Boîte japonaise pour timbres-poste.

106 — Lit en Acajou de l'Empire avec sommier.

107 — Broche en œils de tigre, monture argent doré.

108 — Bague en rubis et brillants.

109 — Jardinière en bronze doré.

110 — Belle Broche. forme corne d'abondance : perle
et diamants.

111 — Papillon en perles et saphirs cabochons,
monture argent doré.

112 — Buste en marbre : la *Reine Marie-Antoinette*,
grandeur nature.

113 — Statuette en marbre : *Fantaisie*.

114 — Deux Colonnes en marbre vert.

115 — Joli petit groupe : *Les Trois Grâces*, sculpture
sur ivoire.

116 — Deux figurines en ivoire : *Les Mendiants*,
d'après Dindlinger.

117 — Bel ouvrage : *La Vie de St-Bruno*, avec nom-
breuses gravures. Riche reliure aux Armes royales
de France.

118 — Table à jeu, en laque de Chine, fond noir, décor à rehauts d'or : personnages et ornements.

119 — Fauteuil crapaud, couvert en soie rayée et brochée fond gris perle.

120 — Chaise fumeuse, couverte en tapisserie ; bois de palissandre.

121 — Lustre à douze lumières en cuivre poli et repoussé.

122 — Deux belles Girandoles à huit lumières, en bronze argenté, forme Louis XV, très richement garnies de cristaux taillés.

123 — Ameublement de Chambre à coucher en bois noir sculpté, composé d'un lit de milieu, un sommier et literie, une armoire à glace biseautée et une table de nuit.

124 — Deux grands Vases en porcelaine du Japon, riche décor laqué, couleur et or.

125 — Joli lustre à cinq lumières, système à gaz, avec cage en fer forgé, dessin élégant de style Renaissance.

126 — Quatre petites bouteilles de Chine, décor à figures.

127 — Meuble de salon de fantaisie.

128 — Jolie Statuette en marbre : *La Jeunesse* de
Détrier.

129 — Glace biseautée, avec cadre fond de glace, à
fronton et bois doré. Style Louis XVI.

130 — Lit en palissandre avec son sommier.

131 — Table de nuit chiffonnière laquée blanc et
rose.

132 — Quatre chaises en bois noir couvertes de
velours rouge. Style Henri II.

133 — Grand Fauteuil en chêne.

134 — Tabouret de Piano en acajou et tapisserie.

135 — Grande et belle Cheminée en noyer sculpté,
d'aspect architectural. Hauteur : 3 m. 20.

136 — Appareil et accessoires pour photographie,
comprenant : chambre noire, pied, objectif, six
châssis et charriot, appuie-tête, boîte à clichés,
cuvettes, balances, etc.

137 — Toilette avec dessus en marbre.

138 — Deux lampes à gaz.

139 — Plaque de Cheminée en fonte aux Armes de France.

140 — Porte-Parapluies en noyer ciré.

141 — Portière de Karamanie avec lambrequin et embrasse.

142 — Encrier en cuivre avec deux lumières.

143 — Glace ovale, cadre noir et or.

144 — Objets omis.

212. — Paris. — Imp. de la Presse, 16, rue du Croissant. — A. Vigier

www.ingramcontent.com/pod-product-compliance
Ingram Content Group UK Ltd.
Pitfield, Milton Keynes, MK11 3LW, UK
UKHW022329170726

13837UKWH00005BA/2181